Ynard

LA COUCHE D'OZONE

L'édition originale de cet ouvrage
a paru sous le titre : *The Ozone Layer*
Copyright © Aladdin Books Ltd, 1990
28, Percy Street, London W1
All rights reserved

Adaptation française de Louis Morzac
Copyright © Éditions Gamma, Tournai, 1991
D/1991/0195/50
ISBN 2-7130-1184-1
(édition originale : ISBN 0 7496 0090 X)

Exclusivité au Canada :
Les Éditions Héritage Inc., 300, avenue Arran
Saint-Lambert, Qué, J4R 1K5
Dépôts légaux, 1er trimestre 1991
Bibliothèque nationale du Québec
Bibliothèque nationale du Canada
ISBN 2-7625-6622-3

Imprimé en Belgique

L'auteur, Tony Hare, est écrivain, écologiste
et présentateur à la télévision. Il collabore
aux travaux de plusieurs associations, y
compris le *London Wildlife Trust,* la *British
Association of Nature Conservationists and
Plantlife* dont il préside le conseil.

Les conseillers : Jacky Karas est chef de travaux à la *Climatic Research Unit* de l'univer-
sité d'East Anglia.
Chris Rose est directeur de *Media Natura,*
l'organe de liaison entre les associations de
protection de la nature et les médias. Il est
consultant en matière d'environnement pour
Greenpeace et les Amis de la Terre.

SAUVONS NOTRE PLANÈTE

LA COUCHE D'OZONE

TONY HARE – LOUIS MORZAC

ÉDITIONS GAMMA – ÉDITIONS HÉRITAGE INC.

SOMMAIRE

INTRODUCTION

C'est l'action du Soleil et la présence de l'atmosphère, une couche de gaz enveloppant la Terre, qui rendent la vie possible sur notre planète. En leur absence, la Terre ne serait qu'une planète obscure et glacée.

Pour vivre et se développer, les plantes ont besoin de la lumière du Soleil. Les animaux, ne pouvant quant à eux utiliser directement l'énergie solaire, sont tributaires des végétaux sur le plan alimentaire. Sans plantes, il n'y aurait pas d'animaux, sans Soleil pas de plantes.

Le Soleil n'émet pas que chaleur et lumière, mais aussi d'autres radiations nuisibles à la vie terrestre. Heureusement, la majeure partie de ces radiations sont interceptées par l'atmosphère et n'atteignent pas le sol. La COUCHE D'OZONE – une mince couche gazeuse située à des kilomètres en altitude – joue un rôle important de filtre des radiations solaires dangereuses.

Une menace pèse actuellement sur cette couche. Des composés chimiques capables de détruire l'ozone, libérés des habitations, des usines et des agglomérations, sont entraînés dans l'atmosphère. À défaut de limiter ces émanations, une proportion plus large de radiations dangereuses pourrait traverser l'atmosphère et être à l'origine d'une catastrophe écologique.

◁ La forêt tropicale humide abonde en plantes vertes luxuriantes, des orchidées et des fougères aux arbres géants. La conjonction d'une lumière vive et d'une chaleur humide favorise la luxuriance de cette vie végétale. L'éclairement et la chaleur proviennent tous deux des radiations solaires filtrées par l'atmosphère.

LE SOLEIL

Centre du système solaire, le Soleil est une étoile. C'est une immense sphère de gaz en combustion qui tournoie dans l'Espace. Son volume est plus d'un million de fois supérieur à celui de la Terre. Les températures qui règnent à sa surface sont de l'ordre de 6 000 °C et dans ses profondeurs 15 000 000 °C. Des réactions nucléaires internes génèrent l'énergie qui fait briller cet astre. À sa surface, les taches sombres en perpétuelle évolution et de violentes éruptions hautes de millions de kilomètres témoignent d'une activité permanente.

Le Soleil est l'étoile la plus proche de nous. Il fournit à la Terre chaleur et lumière qui sont toutes deux des formes de rayonnement. Le rayonnement est un mode de transfert de l'énergie qui s'effectue généralement suivant des lignes droites appelées rayons.

▽ Le système solaire se compose du Soleil, de neuf planètes connues (dont plusieurs ont des satellites appelés lunes) et d'une ceinture d'astéroïdes. La taille des planètes et leur distance au Soleil diffèrent considérablement, mais toutes sont beaucoup plus petites que le Soleil.

Légende
1. Planètes intérieures (Mercure, Vénus, Terre, Mars)
2. Ceinture d'astéroïdes
3. Jupiter
4. Saturne
5. Uranus
6. Neptune
7. Pluton

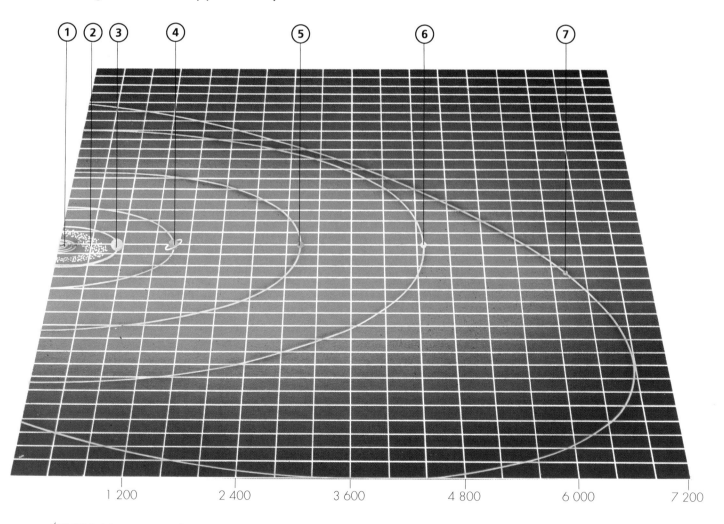

ÉCHELLE : kilomètres en millions

La lumière est le seul type de radiation perceptible par l'œil humain. La lumière solaire que nous voyons est appelée lumière blanche. Celle-ci n'est qu'une fraction infime de l'ensemble des radiations qui constituent le spectre électromagnétique. Tous les types de radiations électromagnétiques se déplacent du Soleil dans l'Espace à la même vitesse de 300 000 km/s – la vitesse de la lumière. On trouve, à l'une des extrémités du spectre, les rayons gamma, X et ultraviolets et, à l'autre, les rayons infrarouges, les micro-ondes et les ondes hertziennes.

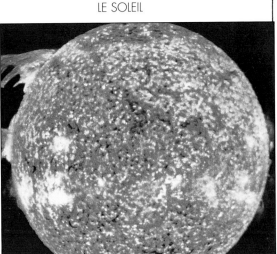

LE SOLEIL

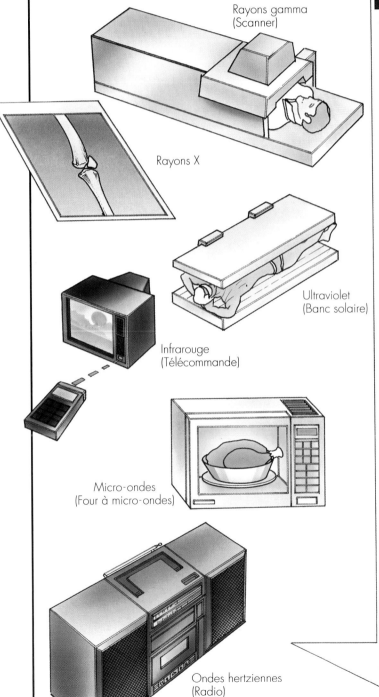

Rayons gamma
(Scanner)

Rayons X

Ultraviolet
(Banc solaire)

Infrarouge
(Télécommande)

Micro-ondes
(Four à micro-ondes)

Ondes hertziennes
(Radio)

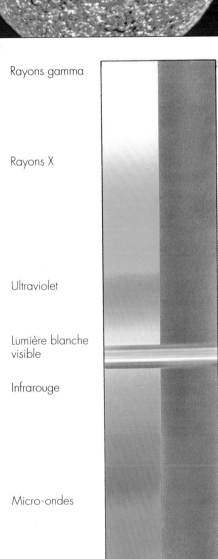

Rayons gamma

Rayons X

Ultraviolet

Lumière blanche
visible

Infrarouge

Micro-ondes

Ondes
hertziennes

RADIATIONS SOLAIRES

LA TERRE

Troisième dans l'ordre des distances au Soleil, la Terre est la seule planète qui réunit les conditions nécessaires à la vie. Les autres sont trop chaudes, trop froides ou entourées d'une atmosphère délétère.

La Terre est située à environ 150 millions de kilomètres du Soleil. Seule une infime fraction de l'énergie solaire atteint la surface terrestre après avoir traversé l'atmosphère. Une grande partie des radiations est soit absorbée par l'atmosphère, soit réfléchie dans l'Espace.

Tout ce qui vit dépend de l'énergie solaire. Les rayons qui parviennent à la Terre lui assurent une température propice à la vie. Les plantes utilisent la lumière solaire dans un processus appelé photosynthèse, qui leur permet d'absorber et de transformer l'énergie solaire pour se développer. Les plantes constituent la base des chaînes alimentaires. Les herbivores, des chenilles aux vaches, se nourrissent de végétaux ; puis d'autres animaux, les carnivores, mangent les premiers. Tous respirent l'oxygène produit par les plantes.

▽ **La photosynthèse**
L'olivier (à gauche) et les fleurs sauvages sont des exemples de végétaux qui utilisent l'énergie solaire pour se développer. Leurs feuilles absorbent le dioxyde de carbone de l'air, et leurs racines l'eau du sol. Par la photosynthèse, les végétaux utilisent l'énergie solaire pour transformer ces substances en cellulose, sucre et amidon, et produire de l'oxygène.

RAYONNEMENT SOLAIRE

Les radiations visibles et invisibles parcourent de longues distances avant de nous atteindre, perdant progressivement de leur intensité. Au contact de l'atmosphère, une partie d'entre elles est réfléchie, une autre absorbée. Puis les nuages en réfléchissent et en absorbent encore une fraction. Par ciel dégagé, l'énergie solaire est perceptible. En fin de compte le sol réfléchit ou absorbe le rayonnement qui a parcouru l'Espace et traversé l'atmosphère.

RAYONNEMENT SOLAIRE

15% absorbé par l'atmosphère

6% réfléchi par l'atmosphère

21% réfléchi par les nuages

3% absorbé par les nuages

5% réfléchi par le sol

50% absorbé par le sol

▷ Le réseau trophique

Un réseau trophique est constitué de plusieurs chaînes interconnectées. La survie des êtres vivants postule leur interdépendance. Les animaux qui mangent des plantes sont des herbivores. Les prédateurs des herbivores sont des carnivores qui peuvent à leur tour être dévorés. Le Soleil assure la nutrition des végétaux par photosynthèse. Ceux-ci peuvent être broutés par les vaches, mangés par les chenilles, les lapins ou l'être humain. Au sommet de ce processus alimentaire, on trouve les prédateurs, oiseau, renard ou l'homme lui-même.

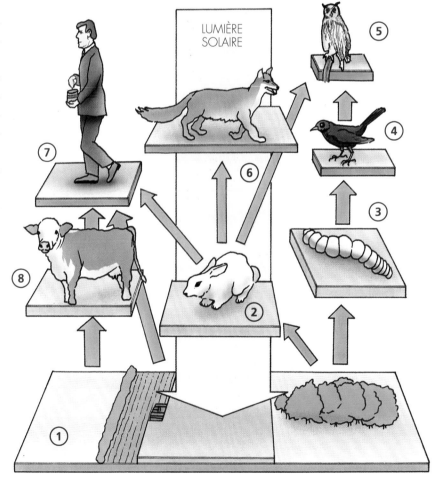

LUMIÈRE SOLAIRE

LÉGENDE
1. Plantes
2. Lapin
3. Chenille
4. Merle
5. Oiseau prédateur
6. Renard
7. Homme
8. Vache

L'ATMOSPHÈRE

La planète Terre est enveloppée de couches gazeuses qui constituent l'atmosphère. Invisible, celle-ci est cependant vitale pour notre existence. Elle se compose principalement d'azote. L'oxygène indispensable à la respiration n'en représente que 23%. Ensemble, l'azote et l'oxygène en constituent 99%.

L'atmosphère a une épaisseur d'environ 700 km. Au fur et à mesure que l'on s'élève, sa densité diminue jusqu'à s'évanouir dans l'Espace intersidéral.

L'atmosphère renferme d'autres gaz dont le rôle est vital malgré leur faible concentration. Favorisant l'effet de serre, ces gaz permettent à l'énergie solaire d'atteindre la Terre, mais empêchent le dégagement de la chaleur dans l'Espace. À l'image d'une serre, ils maintiennent la chaleur à la surface de la Terre.

▽ Sur cette photo-satellite représentant l'Afrique et une partie de l'Asie, on voit clairement les nuages circulant dans l'atmosphère terrestre.

L'ATMOSPHÈRE

L'atmosphère est une mince couche gazeuse qui entoure la Terre. Elle comprend elle-même plusieurs couches différentes au fur et à mesure de la diminution de la densité de l'air.

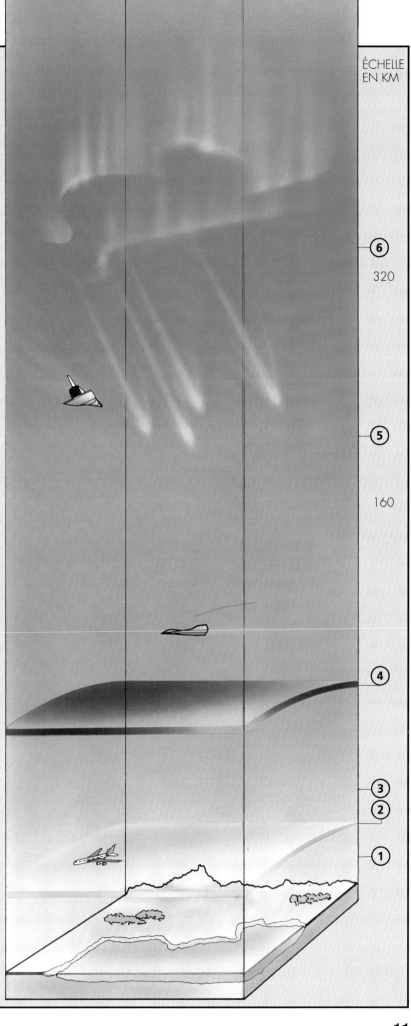

Aurores polaires ⑥
La collision de milliers de particules microscopiques provenant des éruptions solaires et d'autres particules en suspension dans la haute atmosphère est à l'origine de ces spectacles lumineux et colorés appelés aurores polaires.

Thermosphère ⑤
Couche atmosphérique où les météores en provenance de l'Espace se désintègrent.

Poussières ④
Résidus de la désintégration des météores dans l'atmosphère, les poussières poursuivent leur chute à cause de l'attraction terrestre.

Stratosphère ③
La stratosphère s'étend jusqu'à une altitude de 50 km. Bien que demeurant inférieure à 0°C, la température augmente avec l'altitude.

Ozone ②
On parle communément de «couche» d'ozone. Cependant l'ozone est présent quasi partout – bien qu'en concentration variable – dans l'atmosphère. L'ozone absorbe la majeure partie du rayonnement ultraviolet avant qu'il n'atteigne la Terre.

Troposphère ①
Comprend l'air que nous respirons; nuages, pluies et neige se forment dans cette couche.

ÉCHELLE
EN KM

320

160

LA COUCHE D'OZONE

L'ozone est une forme allotropique de l'oxygène. Il se crée dans l'atmosphère lorsque les rayons ultraviolets du Soleil rencontrent de l'oxygène. La couche d'ozone s'étend à travers toute la stratosphère, mais sa concentration est la plus élevée entre 20 et 30 km du sol. Il absorbe la plus grande partie des radiations ultraviolettes dangereuses en provenance du Soleil. Les rayons ultraviolets qui atteignent la surface terrestre ont des effets importants. Ce sont eux qui donnent à la peau sa coloration. Mais en dose excessive, ils ont des effets néfastes sur les plantes et les animaux, y compris les êtres humains.

▽ Beaucoup de gens passent leurs vacances dans des régions chaudes et ensoleillées. Ils s'étendent longuement au soleil, absorbent son rayonnement et en sont souvent brûlés. Ils sont atteints par des rayons ultraviolets dont cependant la plupart auront été absorbés par la couche d'ozone.

L'équilibre de la couche d'ozone

Les interactions des rayons ultraviolets, de l'ozone, de l'oxygène et d'autres substances chimiques dans l'atmosphère sont extrêmement complexes, mais, en temps normal, un équilibre est maintenu. L'ozone se constitue et se dissocie constamment dans l'atmosphère où la progression qu'il représente demeure à peu près stable.

La menace qui pèse sur la couche d'ozone est créée par les polluants capables de dissocier l'ozone et de rompre l'équilibre atmosphérique. En l'occurrence, la proportion de rayons ultraviolets dangereux qui atteindraient le sol pourrait augmenter.

Les rayons ultraviolets sont une partie des radiations que nous envoie le Soleil. Ils traversent l'Espace et pénètrent dans l'atmosphère jusqu'à leur rencontre avec la couche d'ozone.

Couche d'ozone

Frappé par les rayons ultraviolets, l'ozone atmosphérique absorbe ceux-ci et se dissocie en oxygène biatomique et oxygène mono-atomique. Cependant, dans des conditions favorables de température et de pression, les éléments dissociés se recombinent en oxygène triatomique: l'ozone.

Ozone

Oxygène

Rayonnement ultraviolet

Une fois filtré par l'ozone, le rayonnement ultraviolet résiduel poursuit son chemin à travers l'atmosphère pour atteindre la surface terrestre.

AGENTS DESTRUCTEURS

Les savants estiment à au moins 200 millions d'années la durée de vie future du Soleil. La Terre dispose d'un parasol – l'atmosphère – qui la protège des dangers des radiations solaires. Malheureusement, les activités humaines provoquent une modification de la composition de l'atmosphère.

La couche d'ozone, qui fait partie de l'atmosphère, est menacée par les émanations chimiques libérées dans l'air par l'activité humaine. Les composés chimiques incriminés sont les CFC (chlorofluorocarbones), d'une durée de vie supérieure à 100 ans, qui s'élèvent lentement dans l'atmosphère où ils agissent comme catalyseurs pour la destruction de l'ozone. Bien que les coupables les mieux connus soient les CFC, qui représentent les agents destructeurs d'ozone les plus importants, d'autres produits chimiques peuvent avoir les mêmes effets. Sur Terre, ces corps chimiques sont inertes : leur rencontre avec d'autres ne provoque aucune réaction. Mais, lentement, ils s'élèvent dans l'atmosphère. À partir d'une certaine altitude, ils subissent l'action des rayons ultraviolets et se dissocient.

Les CFC sont des composés chimiques aux applications nombreuses. On les retrouve dans les aérosols, les réfrigérateurs, certains systèmes de conditionnement d'air et des matériaux d'emballage.

La réaction des CFC au rayonnement ultraviolet dans la couche d'ozone est complexe. Quand les CFC atteignent la couche d'ozone, ils sont frappés par les rayons ultraviolets et dégagent du chlore. Celui-ci réagit avec l'ozone pour former différentes formes d'oxygène. Intact, le chlore continue à détruire l'ozone et les réactions se perpétuent.

Chlore

Libération du chlore
du CFC par les rayons
ultraviolets

Ozone (O₃)

Oxygène (O₂)

Oxygène (O₂)

Le chlore
attaque
l'ozone.

Oxygène
(O)

Chlore et
oxygène

Le CFC atteint la
couche d'ozone.

LEUR ORIGINE

Les agents destructeurs d'ozone proviennent de sources diverses. Les aérosols sont utilisés à d'innombrables fins individuelles et domestiques. Cosmétiques, désodorisants, pesticides, peintures etc., sont propulsés par les CFC. Les CFC servent d'agents expansifs dans la fabrication de certaines mousses synthétiques destinées aux emballages. Parfois des bulles de CFC y demeurent emprisonnées jusqu'à ce que la destruction de l'emballage les libère dans l'atmosphère.

Les CFC sont utilisés comme fluide réfrigérant dans certaines installations de conditionnement d'air, notamment celles des véhicules destinés aux climats chauds, ainsi que dans les réfrigérateurs.

△ On voit ici plusieurs produits manufacturés contenant des CFC. De gauche à droite: conditionnement d'air, réfrigérateur, appareil de nettoyage à sec, aérosols. Le développement de produits de remplacement s'impose pour empêcher la libération de CFC dans l'atmosphère.

Les autres destructeurs d'ozone

Les gaz menaçant l'ozone ne proviennent pas seulement des sources précédentes. Les usines fabriquant des aérosols libèrent aussi des CFC dans l'atmosphère. D'autres composés chimiques menacent également la couche d'ozone : le tétrachlorure de carbone, utilisé dans la fabrication des CFC, et vendu comme solvant dans certains pays, bien qu'il soit proscrit ailleurs à cause de ses effets cancérigènes. Les halons utilisés dans les extincteurs détruisent l'ozone, tout comme le méthylchloroforme, un solvant. Les solvants sont utilisés extensivement dans des produits courants : colles, encres, peintures. Le trichloréthane entre dans la composition du liquide correcteur des dactylographes.

△ Usine de produits chimiques

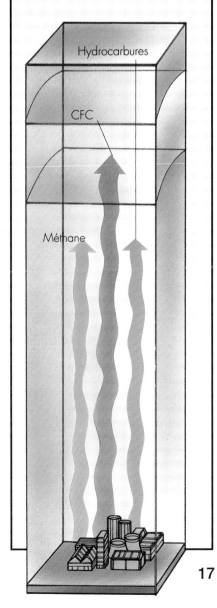

Les CFC

Il faut du temps aux CFC et aux autres produits chimiques qui mettent en danger la couche d'ozone pour atteindre celle-ci. Leur durée de vie est longue, d'une centaine d'années pour la plupart, plus de 20 000 pour certains. Ils s'élèvent aussi davantage que d'autres substances telles que le méthane et les hydrocarbures. C'est pourquoi les dommages potentiels qu'ils représentent sont difficiles à prédire.

Hydrocarbures

CFC

Méthane

LE «TROU»

À certains moments de l'année, le taux d'ozone dans la couche surplombant l'Antarctique baisse considérablement. Il existe une région où la couche est si ténue qu'elle constitue virtuellement un «trou».

Au cours du printemps austral, qui correspond à l'automne boréal, dans certaines régions au-dessus de l'Antarctique, quelque 40 % de l'ozone a disparu en quelques années. Le «trou» a l'étendue de l'Amérique du Nord et une profondeur équivalente à l'altitude de l'Everest.

Les observations révèlent que le taux d'ozone dans l'atmosphère antarctique varie naturellement d'une année à l'autre. Mais le «trou» observé depuis quelques années paraît plus important que de coutume. L'étude d'échantillons de l'atmosphère recueillis dans cette zone a révélé une forte proportion d'agents destructeurs d'ozone auxquels on attribue l'agrandissement du «trou».

Le «trou» au-dessus de l'Antarctique

La collecte des informations est réalisée à l'aide d'avions de reconnaissance à haute altitude, de ballons-sondes et de satellites. Cette photo-satellite (à droite) révèle le «trou» apparu dans la couche d'ozone au-dessus du pôle Sud. La zone foncée au centre confirme l'existence d'un «trou». Aucune découverte semblable n'a été faite au-dessus du pôle Nord malgré la présence des mêmes agents destructeurs. Cependant, on a constaté une diminution de 7 % de la quantité d'ozone en hiver dans une bande atmosphérique circumterrestre dans l'hémisphère Nord.

△ Préparation d'un avion de la NASA pour un vol spécial à haute altitude.

▷ Des satellites en orbite polaire photographient notre planète au moyen de caméras très sophistiquées.

Nimbus

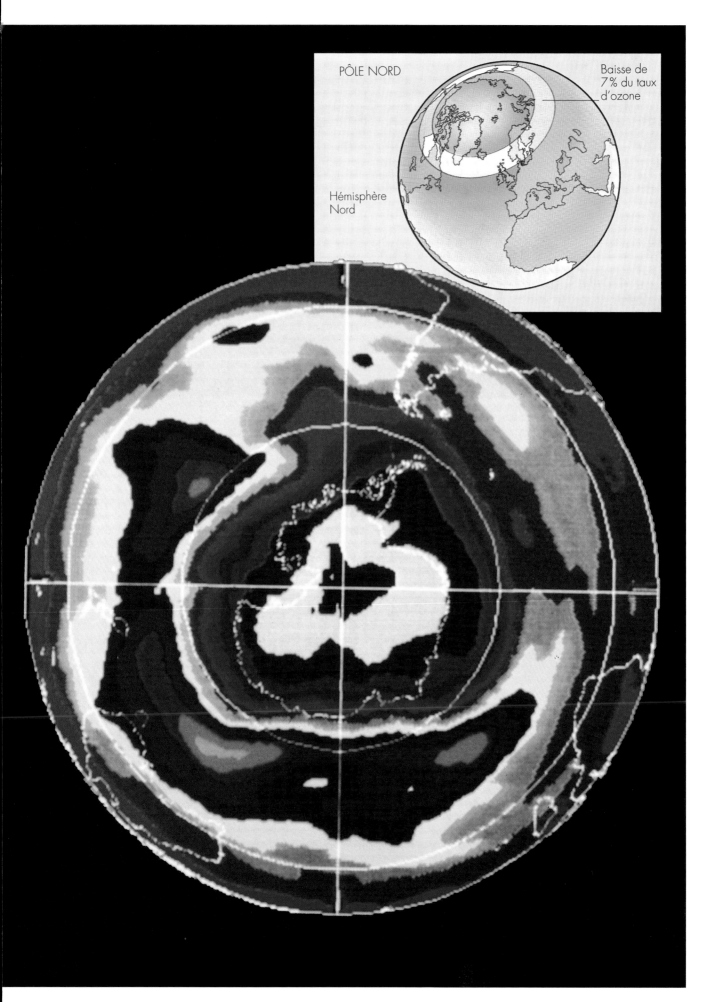

PÔLE NORD

Baisse de
7 % du taux
d'ozone

Hémisphère
Nord

CONSÉQUENCES POSSIBLES

L'ozone absorbe la majeure partie des radiations ultra-violettes. Si la quantité de ces radiations atteignant le sol augmentait, la survie sur la planète serait menacée. Chez l'être humain, on assisterait à une multiplication des cancers de la peau et des cataractes – une cause majeure de cécité dans les pays où le traitement de cette maladie n'est guère accessible. On estime qu'une diminution de 1 % de la quantité d'ozone atmosphérique entraînerait annuellement un accroissement de 7 000 cancers de la peau dans le monde. Mais les efforts ne seraient pas limités à l'homme, tout l'équilibre biologique de la planète serait menacé: inhibition du développement et de la reproduction des végétaux et des micro-organismes indispensables à la fabrication des éléments constitutifs de la vie, endommagement des récoltes et bouleversements dans les chaînes trophiques, destruction du plancton nécessaire à la vie de la faune aquatique, etc.

▽ Le plancton (voir encadré) est la base des chaînes trophiques marines. Il est constitué d'animaux et de végétaux minuscules et sert d'aliment à certains poissons et aux calmars. Les poissons plus gros et les mammifères marins se nourrissent d'autres poissons. Les baleines telles que la baleine bleue ou la baleine franche (ci-dessous) court-circuitent la chaîne et se nourrissent directement de plancton.

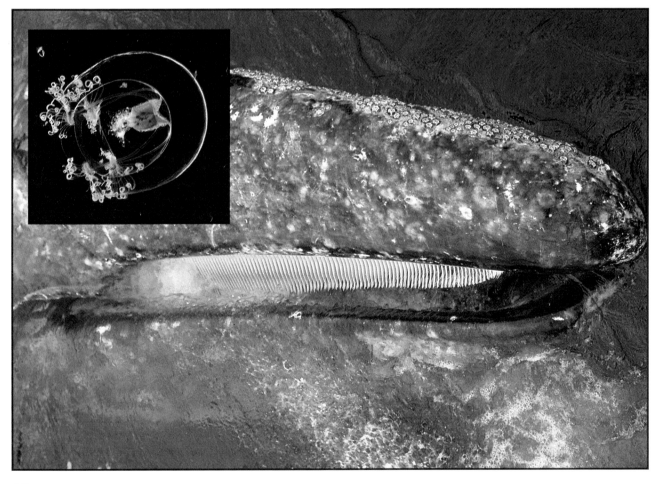

SMOG PHOTOCHIMIQUE

La probabilité de formation de smog pho-tochimique augmenterait au cas où un rayonnement ultraviolet accru interférerait avec des émanations urbaines industriel-les et automobiles.

Rayonnement ultraviolet

Smog

SOLUTIONS DE RECHANGE

Il n'est pas nécessaire de risquer la destruction de la couche d'ozone. Des solutions de rechange existent pour quasi toutes les utilisations de CFC. Par exemple, les aérosols, dont le gaz propulseur est un CFC, peuvent être remplacés par des vaporisateurs actionnés par pompage, sans dommage pour l'environnement. La fabrication de mousses synthétiques isolantes ne requiert pas l'utilisation de CFC. Les gens commencent à douter de la nécessité de tous ces emballages de biens de consommation plus souvent décoratifs qu'utiles. Les CFC des réfrigérateurs pourraient être recyclés: ils peuvent être extraits des appareils hors service et réutilisés dans la fabrication de matériel neuf.

La libération de CFC dans l'atmosphère pourrait être évitée si les consommateurs et les entreprises trouvaient un intérêt immédiat dans la remise et la reprise d'appareils hors d'usage lors de l'achat et de la vente d'un appareil neuf. Les commerçants pourraient alors renvoyer à l'usine des éléments déclassés de façon à permettre la réutilisation des CFC.

Time Janvier 1989

Une bonne partie de ce qui se perd dans l'atmosphère n'est pas d'origine industrielle. Que l'on songe par exemple à la négligence et au laisser-aller dans la manutention des contenants de hamburgers.

Albert Gore, É.-U.A.

On a aussi proposé d'augmenter le prix des substances nuisibles à l'environnement comme les CFC, de façon à encourager leur recyclage et le choix de produits de remplacement moins dommageables.

Which? Octobre 1989

▷ Tandis que les pays développés et largement industrialisés peuvent se permettre d'envisager les dangers à long terme d'un affaiblissement de la couche d'ozone, il en va tout autrement des pays en voie de développement qui se préoccupent avant tout de pourvoir aux besoins alimentaires fondamentaux et d'améliorer leur niveau de vie. Alors que les réfrigérateurs et les aérosols sont d'usage courant dans un pays développé, ils sont souvent des biens de luxe dans les autres. Il est donc difficile de faire admettre à ceux-ci qu'ils n'ont pas droit à de tels objets de luxe et de les convaincre de bannir les «fameux» CFC.

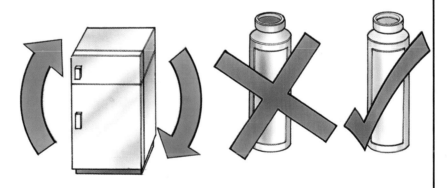

Proscrire les CFC
Pour protéger la couche d'ozone, le bannissement mondial des CFC finira par être vital. Déjà maintenant, les fabricants sont à la recherche de solutions de rechange. L'opposition à l'utilisation généralisée et mondiale des CFC est croissante.

Recycler les frigos
La mise au rebut des réfrigérateurs constitue un problème majeur. Leur abandon dans une décharge ou leur broyage donne lieu à l'émission de CFC dans l'atmosphère. Il est actuellement possible d'extraire le CFC de ces vieux appareils, de le stocker ou de le recycler.

Gaz de remplacement
Les CFC peuvent être recyclés ou remplacés par d'autres gaz. Le CO_2 est largement utilisé dans les extincteurs à mousse. Le vaporisateur manuel peut retrouver sa vogue d'antan, par simple pompage, ce qui ne nuit en rien à l'environnement.

CORRECTIFS

En septembre 1987, de nombreux pays s'engagent par le Protocole de Montréal à réduire de moitié leur production de CFC pour la fin du siècle.

On réalise ensuite que la situation est pire qu'on ne l'imaginait et que le protocole est insuffisant. C'est pourquoi, en 1988, les États-Unis et la Communauté européenne décident de supprimer totalement les CFC d'ici l'an 2000. Si l'on veut que l'ozone survive, il s'agit d'étendre cet accord aux autres pays. Les experts découvrent sans cesse de nouveaux agents destructeurs de l'ozone. Il faudrait donc pour protéger l'ozone, planifier l'avenir et mettre fin à l'utilisation de tous ces agents. Une coopération mondiale des pays s'impose pour produire des biens de consommation que souhaitent les populations, sans détruire l'environnement.

▷ Les emballages de certains produits comme les aérosols mentionnent l'inocuité du gaz propulseur à l'égard de l'ozone. Cependant, certains autres propulseurs sont souvent des gaz qui renforcent l'effet de serre. Les moyens les plus sûrs sont les diffuseurs actionnés par pompage manuel.

▽ Margaret Thatcher, ex-Premier ministre de Grande-Bretagne, prononce une allocution au cours d'un colloque sur l'environnement et sur la couche d'ozone.

▷ Au cours de cette manifestation de Greenpeace devant une usine chimique bien connue d'Allemagne de l'Ouest, les contestataires demandent la fin de la fabrication des CFC.

LES ACTIONS

Des organisations telles que Greenpeace et les Amis de la Terre axent leurs campagnes sur les consommateurs, l'industrie et les gouvernements pour tenter de les sensibiliser aux grands dangers de la pollution et les encourager à contribuer à la protection de la couche d'ozone. Ces organisations manifestent devant les usines et les bâtiments gouvernementaux pour clamer leurs préoccupations. Ces voix ne sont pas sans effet. Les fabricants commencent à réduire l'utilisation de CFC dans leurs produits. L'exemple de personnalités en vue qui se refusent à faire usage d'aérosols à cause de leur nuisance, contribue également à cette campagne d'assainissement.

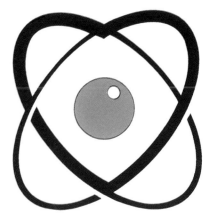

△ Voici le nouveau signe «ami de l'ozone». Si nous n'achetons que des produits marqués de ce signe, les fabricants cesseront bientôt d'introduire des gaz nocifs dans leurs produits.

QUE PEUX-TU FAIRE?

Présent partout dans l'atmosphère, c'est entre 12 et 45 km que l'ozone est le plus fréquent. Certaines actions peuvent contribuer à sa sauvegarde.

○ N'acheter que des aérosols inoffensifs pour l'ozone.

○ Éviter l'achat de produits protégés par des emballages en mousse synthétique renfermant des CFC. S'informer au besoin.

○ Un réfrigérateur au rebut perd son CFC. Le porter dans l'un des magasins qui recyclent les CFC ou dans un dépôt prévu à cet effet.

Adresses utiles:

FRANCE	CANADA	BELGIQUE
Greenpeace	**Greenpeace**	**Greenpeace**
28, rue des Petites Écuries	2444, rue Notre-Dame Ouest	335, chaussée de Wavre
F-75010 PARIS	Montréal H3J 1N5 (Québec)	1040 BRUXELLES
Tél.: 01-47 70 46 89	Tél.: 514-933-0021	Tél.: 02-647 87 65
Amis de la Terre	**Amis de la Terre**	**Amis de la Terre**
62 bis, rue des Peupliers	455, rue St-François-Xavier	Place de la Vingeanne
F-92100 BOULOGNE	Montréal H2Y 3J2 (Québec)	5158 DAVE
Tél.: 01-49 10 04 57	Tél.: 514-843-8585	Tél.: 081-40 14 78

Compose une affiche.

L'une des actions les plus importantes est de sensibiliser l'opinion. Tu peux y participer en réalisant une affiche qui sera exposée dans ton école.

1) Trouve un titre accrocheur.

2) Imagine et dessine une illustration symbolique comme celle que tu vois ici ou procède à un montage de dessins extraits de revues de façon à faire passer le message.

3) Parcours cet ouvrage et essaye de résumer en 30 ou 40 mots ce qui arrive à la couche d'ozone et pourquoi c'est très important.

4) Au terme du même processus, émets quelques suggestions relatives à des actions de sauvegarde de la couche d'ozone.

5) Complète ce travail en y ajoutant quelques adresses utiles ainsi que les symboles utilisés pour reconnaître les produits qui n'attaquent pas l'ozone.

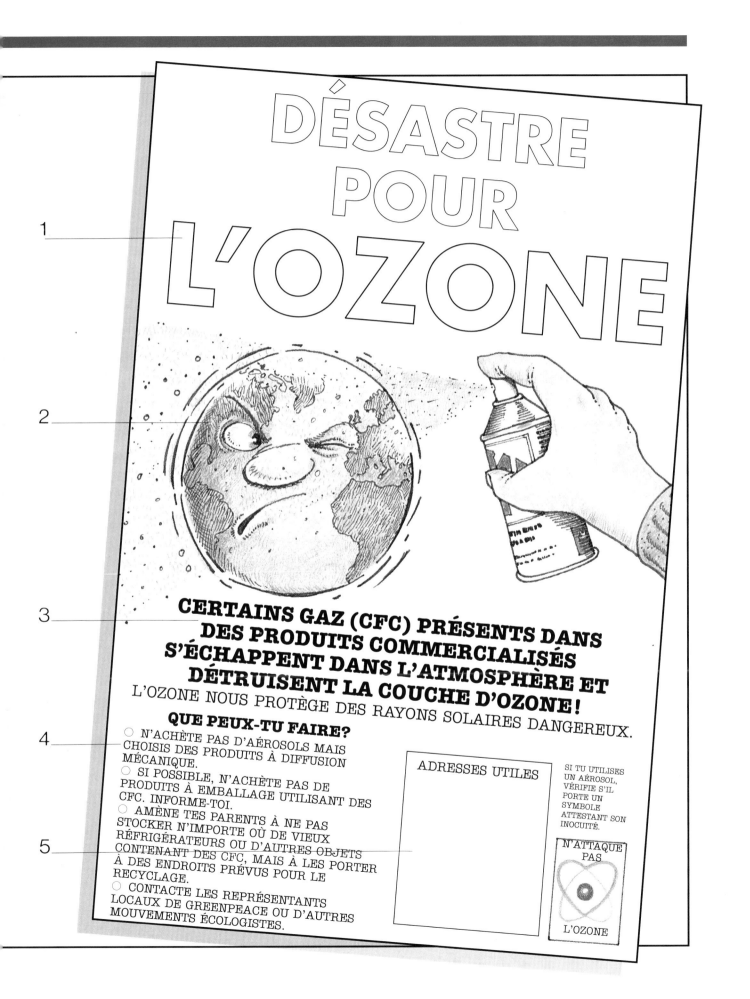

DÉSASTRE POUR L'OZONE

CERTAINS GAZ (CFC) PRÉSENTS DANS DES PRODUITS COMMERCIALISÉS S'ÉCHAPPENT DANS L'ATMOSPHÈRE ET DÉTRUISENT LA COUCHE D'OZONE!

L'OZONE NOUS PROTÈGE DES RAYONS SOLAIRES DANGEREUX.

QUE PEUX-TU FAIRE?

○ N'ACHÈTE PAS D'AÉROSOLS MAIS CHOISIS DES PRODUITS À DIFFUSION MÉCANIQUE.

○ SI POSSIBLE, N'ACHÈTE PAS DE PRODUITS À EMBALLAGE UTILISANT DES CFC. INFORME-TOI.

○ AMÈNE TES PARENTS À NE PAS STOCKER N'IMPORTE OÙ DE VIEUX RÉFRIGÉRATEURS OU D'AUTRES OBJETS CONTENANT DES CFC, MAIS À LES PORTER À DES ENDROITS PRÉVUS POUR LE RECYCLAGE.

○ CONTACTE LES REPRÉSENTANTS LOCAUX DE GREENPEACE OU D'AUTRES MOUVEMENTS ÉCOLOGISTES.

ADRESSES UTILES

SI TU UTILISES UN AÉROSOL, VÉRIFIE S'IL PORTE UN SYMBOLE ATTESTANT SON INOCUITÉ.

N'ATTAQUE PAS

L'OZONE

DONNÉES FACTUELLES 1

Dimensions de la couche d'ozone

L'ozone est présent partout dans l'atmosphère jusqu'à environ 90 km, mais sa concentration est la plus forte à une altitude d'environ 25 km. Cependant, ramenée au niveau du sol, la quantité totale d'ozone ne représenterait qu'un film d'une épaisseur d'environ 3 mm.

Les CFC et l'effet de serre

Les CFC n'ont pas pour seul effet d'agresser l'ozone. Avec d'autres gaz, ils contribuent aussi à renforcer l'effet de serre, c'est-à-dire à maintenir la chaleur à proximité de la surface terrestre. Ces gaz se comportent en quelque sorte comme le vitrage d'une serre: laissant la chaleur parvenir au sol, ils freinent ensuite son rerayonnement dans l'atmosphère. Ainsi assiste-t-on à un réchauffement lent et graduel de la Terre entière. À terme, la persistance d'un réchauffement global pourrait avoir des effets dévastateurs sur le climat, le niveau des océans, l'agriculture, la vie animale... Bien qu'ils n'existent qu'en quantités infimes par rapport à d'autres gaz, comme le dioxyde de carbone, certains CFC, à quantité égale, sont 10 000 fois plus efficaces dans ce rôle spécifique. Raison de plus pour supprimer leur utilisation aussitôt que possible.

Origine de la couche d'ozone

L'ozone se forme dans l'atmosphère à partir de l'oxygène sous l'effet du rayonnement ultraviolet. Celui-ci joue un rôle essentiel dans la transformation de l'oxygène en ozone. La molécule d'oxygène (O_2) comprend deux atomes d'oxygène (O). La rencontre de rayons ultraviolets et d'une molécule d'oxygène (O_2) provoque la rupture de celle-ci et l'apparition de deux atomes libres d'oxygène (O). De ce processus, le rayonnement ultraviolet sort quelque peu affaibli. Un atome d'oxygène peut en rencontrer un autre et former une molécule d'oxygène; il peut aussi rencontrer une molécule d'oxygène, s'y unir et former une molécule d'ozone (O_3). Lorsque des rayons ultraviolets heurtent une molécule d'ozone, celle-ci se rompt et libère un atome d'oxygène. Une fois encore, une partie du rayonnement ultraviolet est arrêtée et n'atteint pas la Terre.

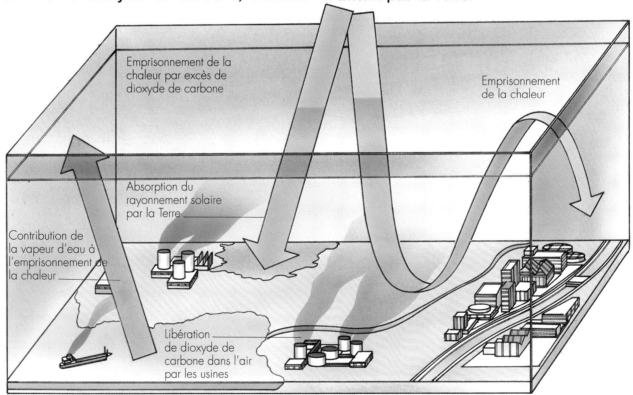

Emprisonnement de la chaleur par excès de dioxyde de carbone

Emprisonnement de la chaleur

Absorption du rayonnement solaire par la Terre

Contribution de la vapeur d'eau à l'emprisonnement de la chaleur

Libération de dioxyde de carbone dans l'air par les usines

Normalement, la formation d'une molécule d'ozone à partir d'un atome d'oxygène et d'une molécule d'oxygène requiert la présence d'un catalyseur – habituellement de l'azote. La fabrication et la destruction de l'ozone se poursuivent continuellement et ces réactions empêchent la plus grande partie des rayons ultraviolets d'atteindre la Terre. La fabrication d'ozone devient inférieure à sa destruction.

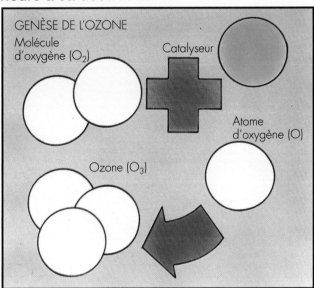

GENÈSE DE L'OZONE

Molécule d'oxygène (O_2)

Catalyseur

Atome d'oxygène (O)

Ozone (O_3)

Comment déterminer que la couche d'ozone est attaquée?

Un instrument appelé spectrophotomètre révèle la quantité de radiations qui le traverse. Quand on constate que le rayonnement ultraviolet est supérieur à la normale, on sait que la quantité d'ozone a diminué.

Action des CFC

Le rôle des CFC dans les aérosols est d'agir comme agent propulseur mélangé au produit à diffuser. Les CFC sont mis en bombe sous pression. Lorsqu'on presse le bouton de la bombe, le CFC s'échappe avec le produit en suspension.

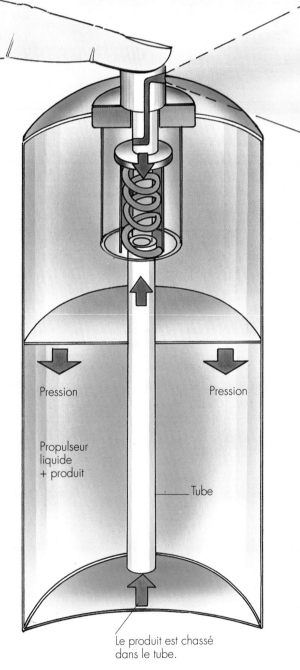

Pression

Pression

Propulseur liquide + produit

Tube

Le produit est chassé dans le tube.

DONNÉES FACTUELLES 2

Produits de remplacement nuisibles

Certains fabricants remplacent les CFC des aérosols par d'autres gaz. Les bombes portent souvent l'étiquette: *N'attaque pas l'ozone.* Les gaz utilisés – des hydrocarbures – peuvent être inoffensifs pour l'ozone, mais ils renforcent l'effet de serre et, comme les CFC, sont nuisibles à l'environnement. Le seul diffuseur inoffensif est celui qui utilise de l'air.

Avantages du rayonnement solaire

Outre la photosynthèse, les radiations solaires ont de multiples effets. Le rayonnement infrarouge nous apporte la chaleur; la lumière du spectre visible permet de voir. Les ondes radio émanant du Soleil et d'autres étoiles ont des applications en radioastronomie qui permettent de dégager des informations sur les galaxies lointaines. Des radiations similaires à celles du Soleil ont trouvé de multiples applications comme les rayons infrarouges dans les dispositifs anti-intrusion. Même des radiations dangereuses peuvent avoir des applications pratiques et utiles: rayons ultraviolets pour certaines cures sanitaires, rayons X dans les hôpitaux.

Chaînes trophiques marines

La Terre est recouverte d'eau à près de 70 %. Comme sur Terre, il existe dans les mers des chaînes trophiques. Dans les couches marines supérieures, la lumière du Soleil pénètre assez profondément pour permettre la vie dans les eaux de surface à des organismes minuscules végétaux et animaux, le plancton. Certains géants marins tels que les diables de mer et de nombreuses baleines s'en nourrissent. Les poissons qui nous servent d'aliments dépendent aussi du plancton directement ou indirectement.

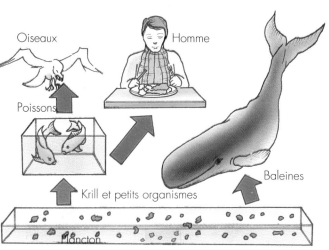

GLOSSAIRE

CFC (chlorofluorocarbone) – Les CFC sont des composés chimiques aux utilisations multiples; par exemple, gaz propulseur dans les aérosols, fluide réfrigérant dans les réfrigérateurs ou expansif dans la fabrication des mousses synthétiques.

Chaîne alimentaire ou trophique – Succession d'êtres vivants qui se nourrissent les uns des autres. Par exemple, les chenilles dévorent les feuilles, les petits oiseaux se nourrissent de chenilles, les oiseaux de proie mangent les petits oiseaux.

Effet de serre – Ralentissement de l'évacuation de la chaleur fournie par le Soleil à la Terre, causé par la présence de l'atmosphère. Cet effet rend la vie possible sur Terre. Le renforcement de l'effet de serre, causé par la présence de polluants gazeux dans l'atmosphère, risque de provoquer un réchauffement terrestre aux conséquences néfastes.

Ozone – Forme allotropique de l'oxygène contenant 3 atomes dans la molécule (O_3). Gaz bleu et odorant qui se forme dans l'air ou l'oxygène soumis à une décharge électrique. L'ozone est un puissant oxydant qui a des propriétés antiseptiques et bactéricides. On utilise l'ozone pour purifier l'air, l'eau et pour le vieillissement artificiel des eaux-de-vie. L'ozone de l'atmosphère est dissocié par les rayons ultraviolets dont il diminue l'intensité. Il empêche la majeure partie du rayonnement ultraviolet d'atteindre la surface terrestre.

Protocole de Montréal – Accord international signé par de nombreux pays, visant à protéger l'ozone atmosphérique. Les signataires de cet accord s'engagent à prendre les mesures nécessaires à la réduction et à la prévention de la pollution (septembre 1987).

Radiation – Énergie émise et propagée sous forme d'ondes à travers un milieu matériel – ondes sonores, ondes électromagnétiques (hertziennes, infrarouges, visibles, ultraviolettes), rayons X, rayons gamma, ondes corpusculaires (rayons alpha, rayons bêta).

Rayonnement – Ensemble de radiations de nature similaire ou voisine, mais dont les longueurs d'onde et les énergies peuvent être différentes.

Réseau trophique – Ensemble complexe de chaînes trophiques qui se croisent et s'entremêlent comme les fils d'une vaste toile d'araignée, constitué notamment par le croisement des enchaînements entre mangeurs et mangés et entre décomposeurs (saprophages, bactéries, champignons) et décomposés.

Spectre électromagnétique – Ensemble des radiations connues. La vitesse de propagation de ces radiations, qui se déplacent normalement en ligne droite, est de 300 000 km/s.

INDEX

Origine des photographies:
Couverture et page 21: Robert Harding Library; pages 4-5, 8 (à gauche et à droite), 17 (en haut) et 23: Hutchison Library; pages 7, 18 (à gauche), 26 et 29: Science Photo Library; page 10: NASA; pages 14, 16 (le tout), 17 (en bas) et 25 (en haut): Roger Vlitos; pages 19, 24 et 25 (à droite): Frank Spooner Agency; page 20 (à gauche et à droite): Planet Earth; page 25 (en haut): Greenpeace Communications.